Anonymous

Gesänge für den öffentlichen judischen Gottesdienst

Aus verschiedenen Liedersammlungen zusammengetragen

Anonymous

Gesänge für den öffentlichen judischen Gottesdienst
Aus verschiedenen Liedersammlungen zusammengetragen

ISBN/EAN: 9783743415645

Hergestellt in Europa, USA, Kanada, Australien, Japan

Cover: Foto ©Thomas Meinert / pixelio.de

Manufactured and distributed by brebook publishing software (www.brebook.com)

Anonymous

Gesänge für den öffentlichen judischen Gottesdienst

Gesänge

für den

öffentlichen jüdischen Gottesdienst,

aus verschiedenen Liedersammlungen zusammengetragen.

Im Verlage der
Kneseth-Israel-Gemeinde in Philadelphia.

Philadelphia:
Druck von Stein & Jones, Süd-Ost-Ecke der Dritten und Chestnut-Straße.
1862.

Gottes Größe.

1.

1. Herr der Welt, Er hat regiert
   Vor der Zeiten Anbeginn;
   Seit die Schöpfung ward vollführt,
   Wandelt sie nach seinem Sinn.

2. Wenn das All in Nichts vergeht,
   Seine Allmacht bleibt allein;
   Wie Er war in Majestät,
   Ist und wird Er ewig sein.

3. Anfang, End' ist in Ihm nicht;
   Sein ist Macht und Herrlichkeit;
   Er ist der Erlösung Licht,
   Fels und Schutz in Prüfungszeit!

4. Wenn mein Mund ihn flehend preist,
   Ist Er Heil mir, Strahl des Lichts.
   Ihm befehl' ich Leib und Geist. —
   Gott mit mir, ich fürchte nichts!

2.

1. Groß ist Gott, wohin ich sehe,
   In Tiefen groß und in der Höhe,
   In allen seinen Werken groß.
   Ihn, den Gott der Macht und Stärke,

Erheben seiner Weisheit Werke,
Die ganze Schöpfung macht Ihn groß.
Die Himmel rufen laut:
Uns hat der Herr gebaut
Hallelujah.
Auf jeder Flur
In der Natur
Erhebt Ihn jede Kreatur.

2. Schauet auf zur Sternenhalle,
O preiset Seine Allmacht alle,
Die ihr den ew'gen Vater kennt.
Wer regiert in jener Ferne?
Wer lenkt die Millionen Sterne?
Wer ordnete das Firmament?
O Mensch, des Todes Raub,
Sink nieder in den Staub
Hallelujah.
Allmächtig hält
Der Herr der Welt
Das ganze große Sternenzelt.

3.

1. Hör' Israel!
Gott, unser Gott, der ewig Eine,
Er offenbart' in hehrem Glanzesscheine
Dir seine Lehre rein und hell.
Sie war in Finsterniß dein Licht,
Und deine Seele wankte nicht.
O höre Israel!

2. Einzig ist Er!
Du sollst an Gott den Einen glauben.
Von keinem Wahn laß deiner Seel' Ihn rauben;
Und nahet der Versuchung Heer,
Halt fest an Gott, an Ihm allein!
Er wird dein Schutz, dein Retter sein.
  O höre Israel!

3. In Ewigkeit
Währt Gottes Liebe; Sein Erbarmen
Schlingt um das Weltall sich mit Vaterarmen,
Erhaben über Raum und Zeit!
So wahre fest auch sein Gebot:
„Gott unser Gott ist einzig Gott,
  O höre Israel!"

4.

1. Gott, dich fasset kein Gedanke,
Und die Sprache nennt dich nicht;
Unbegreiflich, sonder Schranke
Thronest du verhüllt im Licht.
Dorthin kann kein Auge dringen,
Schaut der Blick auch himmelwärts;
Doch der Geist kann auf sich schwingen,
Fühlen kann dich jedes Herz.

2. Deiner Hände Wunderwerke
Zeichnen, Gott! mir deine Spur;
Deine Weisheit, deine Stärke
Find' ich, Herr, in der Natur;
Dort in jenem Sternenheere,
In der Sonne Glanz und Pracht.
Dich verkünden Erd' und Meere,
Von dir pred'gen Tag und Nacht.

3. O, wie kann den Geist der Geister
Fassen je ein schwaches Bild?
Ihn, des Weltalls großen Meister,
Der das ganze All erfüllt,
Ihn wird nie der Sinn erreichen.
Selbst der Sonnen Schön' und Pracht,
Wollt ihr sie mit Gott vergleichen,
Sind sie nichts denn finstre Nacht.

4. Seraphim in höh'rer Sphäre,
Fassen Gottes Wesen nicht,
Und der Engel lichte Chöre,
Sie verhüllen das Gesicht;
Beten an vor seinem Throne,
Preisen seine Majestät.
O zu diesem sel'gen Lohne
Hat der Herr auch uns erhöht!

5. Ohne Bild und Bildeszeichen,
Preis' ich Gottes Herrlichkeit.
Kann mein G e i s t ihn nie erreichen,
Sei ihm stets mein H e r z geweiht.
Fromme Unschuld im Gemüthe
Hebet mich zu Gott empor;
Einstens rühm ich seine Güte
In der höhern Geister Chor.

5.

1. Herr, du erforschest mich,
   Du kennest keine Schranke;
Vor dir ist jedes Wort
   Und jeglicher Gedanke.

Ich sei auch, wo ich sei —
Um mich, o Herr, bist du!
Dein Auge ruht auf mir,
Und siehet, was ich thu'.

2. Du weichest nie von mir,
   Wohin ich mich auch wende;
Dein Arm ist überall,
Dein Wirken sonder Ende.
Wohin flieh' ich vor dir,
   Vor deinem Angesicht?
Und wo verberg' ich mich
   Dem göttlichen Gericht?

3. Führ' ich gen Himmel auf,
   So bist du dort zu finden;
Führ' ich zur Tief' hinab,
   Auch dort werd' ich dich finden.
Trüg' mich das Morgenroth
   Zum fernsten Meeresstrand,
Auch dort umfasset noch
   Mich deiner Allmacht Hand.

4. Spräch' ich zur Finsterniß:
   „Birg' mich in deine Wellen!"—
So würde auch die Nacht
   Sich um mich her erhellen.
Denn vor dir ist die Nacht,
   Wie helles Tageslicht;
Und keine Finsterniß
   Umhüllt dein Angesicht.

6.

1. Welten, Ew'ger, mußten werden,
   Da dein mächt'ger Ruf erscholl;
   Froh bewegten sich die Erden,
   Und der Ocean entquoll.
   Sonnen waren ausgesäet
   An dem lichten Himmelszelt —
   Herr, so wie dein Odem wehet,
   Jauchzt dir eine neue Welt!

2. Gott, es waltete dein Wille —
   Und der Sterne mildes Licht
   Strahlte rein in sel'ger Fülle,
   Und der Erden Angesicht
   Lächelt' ob der Blumenkränze,
   Die ihr Haupt so hold geschmückt.
   Herr, es blühen tausend Lenze,
   Wo dein Auge freundlich blickt!

3. Welten gründen und erhalten,
   Herr, kann nur dein Machtgebot;
   Fehlet, Gott, dein göttlich Walten —
   Millionenfacher Tod
   Würde die Natur verheeren,
   Herrschen auf dem Erdenball;
   Nacht in allen Sonnenheeren,
   Seelenlos — das Weltenall!

4. Deine Hand schrieb die Gesetze
   Auf der Schöpfung Tafel hin.
   Weltall, riefst du, nie verletze
   Des Gebotes heil'gen Sinn! —

Alles lauschet diesem Tone,
Keines ist der Lehre taub,
Von dem Engel an dem Throne
Bis zum Wurm im Erdenstaub.

5. Du nur trägst des Erdballs Säule,
Knüpfest der Gestirne Band;
Du nur drohst dem Meere: Weile!
Ueberfluthe nicht das Land!
Du nur zeigst dem Sturm, dem Blitze
Ihre streng gemeßne Bahn;
Du nur bist des Weltalls Stütze —
Ohne dich ist Alles Wahn.

7.

1. Wir schau'n zu dir, unnennbar Wesen!
Du winkst — und eine Welt entsteht;
Du wirst sein, wie du bist gewesen,
Des Weltalls höchste Majestät.
Dein Reich bestehet für und für;
Herr, unser Gott! wir schau'n zu dir!

2. Wir schau'n zu dir, o Gott der Gnade!
Du öffnest deine milde Hand,
Und Segen schmücket alle Pfade,
Und Liebe füllt das ganze Land.
Du hilfst dem Menschen, hilfst dem Thier,
Allliebender! wir schau'n zu dir!

3. Wir schau'n zu dir in Himmelshöhen!
Du thronst so hoch und blickst so weit;
Wann auch und wo wir zu dir flehen,
Bist du zu helfen stets bereit.
Wir rufen dich in Wahrheit hier —
Erhör' uns Gott, wir schau'n zu dir!

4. Wir schau'n zu dir! du bist zu finden,
Wenn selbst wir gegen dich gefehlt;
Erbarmensvoll vergiebst du Sünden,
Wenn uns're Herzen Reue quält.
Du strafest uns nicht nach Gebühr,
Nach Güte nur — wir schau'n zu dir!

Gottes Führung.
8.

1. Schon in der Väter dunkeln Zeit
    War herrlich stets dein Schalten;
Drum laß ich dich in Freud und Leid,
    Gott meiner Väter walten.
Auch mir wirst du ein Vater sein,
Und auch die Meinen noch erfreu'n,
    Wenn ich von ihnen scheide.

2. Du hast von meiner Kindheit an
    Mich wunderbar geleitet;
Und selbst auf rauher Lebensbahn
    Mir Segen stets bereitet.
Ging ich getreu der Tugend Pfad,
So kam mir, Gott, dein heil'ger Rath
    Mit neuem Heil entgegen.

3. Du hast mir Eltern einst verlieh'n,
    Die mich vom Herzen liebten,
Und um ihr Kind dir zu erzieh'n,
    Mich früh im Guten übten.
Erbaute mich ihr frommes Thun,
So muß auf mir ihr Segen ruh'n;
    Dann bin ich ja der Deine.

4. Und einem Volk, daß dich verehrt,
 Das deine Gnad' erwählet,
 Von deinem Munde selbst belehrt,
 Hast du mich zugezählet.
 Dein Licht den Vätern zugesandt,
 Und Lieb' und Treu' in jedem Land,
 Das ist mein Theil und Erbe.

5. Das sei auch meiner Kinder Theil,
 Noch später Enkel Erbe!
 Seh' ich im Geist der Nachwelt Heil,
 So sing' ich, wenn ich sterbe:
 Du warst, o Gott, ein Vater mir,
 Ich blicke freudig auf zu dir, —
 Du wirst's den Meinen bleiben.

9.

1. Sie haben mich gedränget,
 Gedrängt von Jugend auf;
 In hartes Joch gezwänget,
 Gehemmt den Lebenslauf.

2. Gepflügt auf wundem Rücken
 Mit wilden Grimmes Wuth;
 Mich quälen — mich erdrücken
 War ihrer Wünsche Gluth.

3. Doch du, o Gott, zerhiebest,
 Der Bosheit starkes Seil!
 Von Zion, das du liebest,
 Glitt ab ihr gift'ger Pfeil.

4. Und wer der Unschuld spottet,
Wird schnell wie Gras vergeh'n,
Vertilgt und ausgerottet —
Wird keinen Frühling seh'n.

5. Drum laßt bei Gott uns bleiben,
Bei unserm höchsten Gut;
Laßt Gottes Werk uns treiben
Mit unf'res Herzens Blut.

6. Es muß die Wahrheit siegen!
Und schwinden muß der Wahn!
Sie kann — sie darf nicht trügen
Des Glaubens lichte Bahn.

10.

1. Herr! nur dir allein vertrauen,
Ist der Seele reinste Lust;
Schuldlos in die Zukunft schauen,
Schwellt mit Wonne hoch die Brust.

2. Deine Güte, deine Milde
Sind bewährt von Anbeginn;
Und der Mensch in deinem Bilde
Athmet sie im reinsten Sinn.

3. Alle Wesen und Gestalten
Leitet nur ein Liebesband,
Und dem Auge klar entfalten
Sie des großen Meister's Hand.

4. Selbst was lästig uns erscheinet,
Unsern Wünschen widerspricht,
Ist mit Gutem stets geeinet —
Nur die Sinne fassen's nicht.

5. Alles findet sein Gedeihen
Auf dem schönen Erdenrund;
Dank kann nur der Mensch dir weihen,
Preisen dich mit Herz und Mund.

6. Staunen, Herr, und dich verehren
Kann der schwache Mensch allein;
Treulich folgen deinen Lehren,
Und sich deinem Dienste weih'n.

11.

1. Ich trau' auf dich. Ein Fels im Meere
Ist, Gott, dein Wort! Mit Zuversicht
Umfass' ich des Gesetzes Lehre
Als göttlich Wort, und zweifle nicht.
Du, Schöpfer, liebst als Vater mich;
Das weiß dein Kind und traut auf dich.

2. Ich trau' auf dich! In weiten Fernen
Mag das verheiß'ne Glück mir blüh'n.
Ich blicke zu der Hoffnung Sternen,
Die an des Glaubens Himmel glüh'n.
Fest hält an deinem Worte sich
Das treue Kind und traut auf dich.

3. Ich trau' auf dich! Schon früh geleitet
Hat mich die treue Vaterhand,
Und mir von fern das Heil bereitet,
Das ich in meinem Glauben fand.
O, wie beglückt der Glaube mich!
Das frohe Kind vertraut auf dich.

4. Ich trau' auf dich! Das Beste hoffen
Darf, wer dich liebt nach deinem Wort.
So steht auch mir der Himmel offen,
Und du beglückst mich hier und dort.
Von dir geleitet fühlet sich
Dein liebend Kind und traut auf dich.

5. Ich trau' auf dich! Hast du hienieden
Schon meiner väterlich gedacht, —
Welch selig Loos ist mir beschieden,
Bin ich zur Ewigkeit erwacht!
Noch sterbend freu' ich deiner mich;
Dein hoffend Kind vertraut auf dich.

12.

1. Vater wir suchen dich!
Lächeln Sonnen unserm Leben;
Und ob Stürme sich erheben,
Wetter dräuen fürchterlich:
Vater wir finden dich!

2. Vater, wir finden dich!
Wenn des Frühlings Lüfte wehen,
Wenn in Schnee gehüllt die Höhen —
Lenz und Winter rühmen dich —
Vater, wir ehren dich!

3. Vater, wir ehren dich!
Führst du mich durch Blumenauen,
Oder durch Gewittergrauen:
Deine Gnade zeiget sich —
Vater, du segnest mich!

4. Vater, du segnest mich!
Bringt das Leben tausend Freuden;
Ist es reich an Schmerz und Leiden —
Jubelnd, seufzend preis' ich dich:
Vater, wir lieben dich!

5. Vater, wir lieben dich!
Wenn du deinen Engel sendest,
Meinen Lauf auf Erden endest, —
Deiner Huld befehl' ich mich:
Vater, wir schauen dich!

13.

1. Was zagst Du? Gott regiert die Welt!
Und Gott weiß alle Dinge,
Selbst was der Mensch für kleinlich hält,
Ist Ihm nicht zu geringe.
Sein Auge sieht
In dein Gemüth;
Die Bitte, die Du thatest,
Vernahm Er, eh' Du batest.

2. Was zagst Du? Gott regiert die Welt!
Und Gott ist der Allweise!
Einst weckt Dich, was Dir jetzt mißfällt,
Zu Seines Namens Preise.

Er führt gewiß
Durch Finsterniß,
Durch trübe Nacht der Leiden,
Zum Lichte Seiner Freuden.

3. Drum Gott, weil Du die Welt regierst,
Wie könnt ich je verzagen?
Ich folge Dir, wie Du mich führst,
Nichts soll mich niederschlagen.
Ich hoff auf Dich;
Du segnest mich,
Wenn ich auf Dich nur schaue,
Und freudig Dir vertraue.

14.

1. Seele, was betrübst du dich,
Was ist dir so bang' in mir!
Fühlst du nicht des Vaters Nähe,
Der uns All' im Herzen trägt?
Lebt kein Gott dir in der Höhe,
Der da liebet, wenn er schlägt?
Aufwärts schau'!
Gott vertrau'!
Seele, was betrübst du dich!
Himmelwärts
Heb' das Herz;
Jede Thräne, die da fällt,
Zählt der Lenker Seiner Welt.

2. Seele, was betrübst du dich,
Was ist dir so bang' in mir!
Hat dich Alles denn verlassen?
Stehest du denn ganz allein?
Kannst du Nichts mit Lieb' umfassen
Nennst du Nichts auf Erden dein?
  Gott bleibt dir
  Für und für.
 Seele, Seele, zage nicht!
  Fest und treu
  Gott dich weih':
Seine Treue niemals trügt,
Seine Liebe nie versiegt.

Menschenwürde.

15.

1. Gott, in deinem Heiligthume
Wird mein Herz so froh und weit!
Hier zu deines Namens Ruhme
Möcht' ich singen allezeit;
Hier empfind' ich deine Nähe,
Mächtig wirkt sie auf mich ein;
Wenn vor dir, mein Gott, ich stehe,
Glaub' ich mehr als Mensch zu sein.

2. Hier auch muß ich es erkennen,
Welche Würde du mir giebst:
Daß ich dich darf Vater nennen,
Glauben darf, daß du mich liebst;

Daß ich ich ohne banges Zagen,
Wenn mein Herz bedroht sich sieht,
Mich vor deinen Thron darf wagen,
Wie das Kind zum Vater flieht.

3. Aus dem wilden Erdgetümmel
Eil' ich hier zu dir zurück;
Offen schau' ich deinen Himmel,
Offen deinen Vaterblick;
Fühle mich wie neugeboren,
Ganz von Erdenfesseln frei.
Du, mein Gott, hast mich erkoren,
Daß ich dein auf ewig sei.

4. Könnt' ich je dich würdig loben?
Zur Begeist'rung reißt's mich hin,
Daß du mich so hoch erhoben,
Der ich Staub und Asche bin;
Daß du mir, dem schwachen Kinde,
So viel Huld und Liebe schenkst.
Was bin ich, der Sohn der Sünde,
Daß du meiner nur gedenkst.

5. O, daß ich sie nie verkenne,
Diese väterliche Huld!
Daß ich nie von dir mich trenne,
Dein nur sei, stets frei von Schuld!
Ja, ich will nach Höh'rem streben,
Durch ein Leben, treu und rein;
Durch ein dir geweihtes Leben,
Will ich deiner würdig sein.

16.

1. Durch die Welt und ihre Heere,
Schallet der erhab'ne Ruf;
Jauchzend singen Engelchöre:
Einig ist er, der uns schuf!
Ja, den Geist in seinem Wirken,
Und die Erd' in ihrer Pracht,
Alles schuf nur e i n e Weisheit,
Alles trägt nur e i n e Macht.

2. Aller Sphären Räume füllet
Unf'res Gottes großes Werk;
Alles ist ihm unverhüllet,
Seiner Liebe Augenmerk.
Sein Gesetz bleibt unverändert,
Und derselbe große Plan
Lehrt den Wurm ein Blatt bewohnen,
Zeichnet des Kometen Bahn.

3. In der Erde schönen Garten,
Hat den Menschen er gestellt;
Dieses Edens treu zu warten,
Rief er ihn in diese Welt.
Licht und Segen zu verbreiten
Hier auf seiner Lebensbahn,
Gottes Größe zu erkennen,
Und den Engeln sich zu nah'n.

4. Treu im menschlichen Gemüthe
Spiegelt sich des Schöpfers Bild;
Gottes Liebe, Gottes Güte,
Strahlt im Menschen-Antlitz mild.

Heil dem Manne, welchem nimmer
Dieser Himmelsglanz entweicht;
Unter allen Erdensöhnen
Hat nur er das Ziel erreicht.

17.

1. Wohl mir, daß mich in seinem Bilde,
Geschaffen hat der Herr der Welt,
Und daß mich seine Vatermilde,
Den Engeln wenig nachgestellt.
    Wohl mir, daß mich sein Hauch belebt,
    Daß mich sein Geist zu sich erhebt.

2. Der Odem Gottes hieß mich leben,
Der Odem Gottes lebt in mir;
Zum Himmel soll ich mich erheben,
Und ewig wandeln, Gott! vor dir.
    Triumph, ich höre Gottes Ruf;
    Der Herr ist mein, der mich erschuf.

3. Drum soll ich geh'n in Gottes Wegen,
Der Ew'ge soll mein Vorbild sein;
Ich soll im Herzen Liebe hegen,
Soll Menschen wo ich kann erfreu'n;
    Soll zeigen, daß mich Gott erfüllt,
    Daß er mich schuf in seinem Bild.

4. Drum soll ich auch nach Weisheit streben,
Denn Gott ist aller Weisheit Quell;
Zum Lichte soll ich mich erheben,
Mir leuchtet Gottes Wahrheit hell.
    So werd' ich meines Schöpfers werth,
    Dem meine Seele angehört.

5. Gerechtigkeit nur soll mich leiten,
Das Böse sei mir ewig fern;
Ich will im Guten vorwärts schreiten,
Die Hülfe kommt von Gott dem Herrn.
 Er, der mit Kräften mich begabt,
 Er ist's, der meine Seele labt.

6. Groß hat sich mir der Herr bewiesen,
Daß er mich schuf in seinem Bild;
Und ewig sei er drob gepriesen,
Daß dieses mir sein Wort enthüllt.
 O wär' ich seiner Güte werth,
 O lebt' ich, wie sein Wort mich lehrt!

18.

1. In der Seele tiefstem Grunde,
Reget sich ein Gottes Geist;
Mir verkündet's jede Stunde,
Daß um ihn das Leben kreis't
Alles Denken, alles Wirken,
Wird von diesem Geist belebt;
Gränzenlos und sonder Schranken,
Wenn er vorwärts, aufwärts strebt.

2. So nur, können Wesen walten,
Die sich ew'gen Daseins freu'n.
Schwinden können die Gestalten —
Ewig muß die Seele sein.
Unaufhaltsam dringt sie weiter,
Wenn der Tod die Form zerbricht;
Fessellos in höh'ren Räumen,
Trinket sie das ew'ge Licht.

3. Seele, meine Seele, schwinge,
Dankend dich zu Gott empor!
Auf dem großen Weltenringe,
Noch kein Stäub'chen sich verlor.
Umgestaltung — nie Vernichtung —
Ist Gesetz in der Natur;
Geister können nicht vergehen,
Nie verliert sich ihre Spur.

4. Ja, mein Gott, für Ewigkeiten,
Schuf uns deine Vaterhand;
Unser warten Seligkeiten,
Dort in jenem Heimathland.
Menschenleben, hier begonnen,
Sieget dort, ob Raum und Zeit.
Unser Lebensfaden reichet,
Gott, in die Unendlichkeit.

Gottes Gesetz.

19.

1. Du, meine Seele, schwinge,
Dich auf zu Gottes Thron,
Aus meinem Mund erklinge,
Des Dankes Jubelton,
Daß Er, der Herr der Gnade.
Durch seines Dieners Mund,
Uns für des Lebens Pfade,
Gab seine Lehre kund!

2. Ja, Vater, sei gepriesen,
Du, dort im Himmelszelt,
Der solches Heil erwiesen,
Durch Israel der Welt:
Du Helfer in Gefahren,
Du Schutz in Leid und Tod,
Auch ich will treu bewahren,
Dein heiliges Gebot.

20.

1. Gottes heilige Gesetze,
Ehre jeder Erdensohn,
Und der größte aller Schätze,
Bleib' ihm stets Religion.

2. Sie ist's, die das ewig Gute
Schätzen und erkennen lehrt;
Die, zur Uebung, mit dem Muthe
Auch zugleich die Kraft gewährt.

3. Sie, die Himmlische, erweitert
Für das Edle uns're Brust;
Heiligt jede Regung, läutert
Und erhöhet jede Lust.

4. Wer, erfüllt mit ihrer Liebe,
Sie zur Führerin sich wählt,
Fühlt, wie alle edlen Triebe
Sie zu hoher That beseelt.

5. Ja, des Himmels Bildniß spiegelt
Sich im Herzen, wo sie wohnt,
Und der Geist, von ihr beflügelt,
Strebt zur Höhe, wo sie thront.

21.

1. Auf Sinai's Höh'n entspringt die Quelle,
Die weit hinaus die Fluthen gießt,
Und darin Wasser immer helle
Und immer Segen bringend fließt.
    Wer sich an dieser Qulle labt,
    Der wird erquickt und kraftbegabt.

2. Auf Sinai blüht ein B a u m des Lebens,
Die Aeste streckend weit und breit;
Es müht die Sprache sich vergebens,
Zu rühmen seine Herrlichkeit.
    Wohl dem, der seine Scheuer häuft
    Mit Frucht, auf diesem Baum gereift.

3. Auf Sinai glänzet eine S o n n e,
Die Licht verbreitet überall;
Der Herzen Lust, der Seelen Wonne,
Erwecket dieser Himmelsstrahl.
    Und wem ihr Licht das Aug' erhellt,
    Mit dessen Heil ist's wohl bestellt.

4. Die Lehre, die uns Gott gegeben,
Sie ist die Quelle, sie die Frucht;
Sie ist die Sonne, sie giebt Leben,
Dem, der das wahre Leben sucht.
    Wer ihre Vorschrift kennt und übt,
    Der wird von Gott und Welt geliebt.

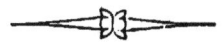

Die Pilgerschaft.

22.

1. Der Herr ist unser Hirt,
Und wir sind seine Heerde;
Zur Weide gab er uns,
Die wundervolle Erde.
Und dürstet wo ein Herz,
Er weist es an die Quelle;
Es findet Labung dort,
An Gott geweihter Stelle.

2. Durch Todesnacht und Grau'n,
Wir unerschrocken gehen:
Sein Auge schützet uns,
Läßt uns nicht untergehen;
Sein Arm verschafft uns Sieg,
Bereitet Freud' und Segen,
Sein Schutz verläßt uns nie;
Auf allen unsern Wegen.

3. So folgen Freud' und Lust,
Uns nach auf allen Wegen;
Es wächst, wohin wir schau'n,
Des Himmels reicher Segen.
Er schmückt das Leben uns,
Mit Gaben seiner Gnade,
Bis einst wir ewig ruh'n,
Nach langem Pilgerpfade.

23.

1. Auch der Grabeshügel lehret,
Ernsthaft spricht der Leichenstein.
Wer auf ihre Stimme höret,
Nimmer wird es ihn gereu'n.

2. „Was dort euch die Brust erfüllet,
Bracht' auch uns um unf're Ruh'.
Hier ist jedes Herz gestillet!"
Rufen uns die Gräber zu.

3. „Wehret denn den heißen Flammen,
Die euch zu verzehren droh'n!
Das Gebäude sinkt zusammen;
So die Hütte, so der Thron."

4. O, ein freudenreiches Leben,
Hat der Sünde Zaubermund,
Uns verheißen — nicht gegeben;
Trüg'risch ist der Freundschaftsbund.

5. „Tausenden hat sie gelogen,
Keiner hoff' ein bess'res Loos;
Nur ins Grab wirst du gezogen!"
Tönt es aus der Erde Schooß.

6. Ja, in stummen Feiertönen,
Wird dem Leben treu gelehrt:
„Nur die Tugend kann dich krönen,
Sie nur, zeiget sich bewährt!"

7. „Unheil hat uns stets getroffen,
Bau'ten wir auf unrecht Gut;
Nie belohnet wird das Hoffen,
Wenn es fest in Gott nicht ruht."

8. „Ach, sie welkt, die schönste Blüthe,
Sie ergötzt nur kurze Zeit;
Nur ein heilig, fromm Gemüthe,
Ist ein Schatz für Ewigkeit."

Tod des Gerechten.

24.

1. Nahen sieht des Todes Stunde,
   Ohne Beben,
   Wer sein Leben
An der Tugend Hand durchwallt.
Friedlich tönt ihm Todes Kunde:
   Mensch, o werde
   Wieder Erde,
Gieb den Staub dem Staub zurück!

2. Und er blickt auf seine Jahre
   Heitern Muthes;
   Denn nur Gutes
Hat auf Erden er gewirkt.
Von der Wiege bis zur Bahre
   Gottes Willen
   Zu erfüllen,
War sein stetes Augenmerk.

3. Halb verkläret sieht er nieder,
   Einen Segen
   Noch zu legen
Auf der Seinen theures Haupt.
Leicht nun lösen sich die Glieder,

  Und enthoben
  Ist nach oben
Wie im Kuß der reine Geist.

4. Weinend um das Lager stehen
  Seine Lieben;
  Tief geschrieben
Ist sein Nam' in ihre Brust.
So, wie er, von hier zu gehen,
  Wird ihr Streben;
  All ihr Leben
Ringt nach solchem Tode nur.

5. Wir erheben unf're Hände
  Zu den Höhen,
  Herr! und flehen:
Laß uns diesem ähnlich sein!
Gieb uns einst solch ruhig Ende,
  Dir vertrauend,
  Ruhig schauend
Auf ein künft'ges Leben dort!

Vaterland.

25.

1. Dem Vaterland erglüh' das Herz,
Und schlag' ihm laut entgegen!
Erhebt euch, Brüder, himmelwärts,
Fleht Gott um seinen Segen!

Mit vollen Vaterhänden
Woll'st du dem Lande spenden,
In welchem wir die Sonne
Zuerst begrüßt mit Wonne.

2. Von allen Gütern, die du giebst,
Was gleicht der holden Gabe,
Gespendet denen, die du liebst,
Und theuer noch am Grabe?
Das Land, wo unf're Kinder blühen,
Wo unf're Wonnen, unf're Mühen
Verfüßt, erleichtert werden —
Ein Paradies auf Erden.

3. Der edlen Menscheit edle Kraft —
Wir seh'n sie hier gedeihen;
Es blühen Kunst und Wissenschaft,
Die Herz und Seel' erfreuen.
Frei blicken wir nach oben,
Den E i n i g e n zu loben,
Nach unf'rer Väter Weise,
In frommer Brüder Kreise.

4. Der Geist der frommen Weisheit weht
Im Ausspruch und Gesetze;
Des Landes Wohlfahrt wird erhöht
Durch diesen Schatz der Schätze.
Der Bürger Heil zu gründen,
Strebt sich hier zu verbinden —
Befreit von niedrem Triebe —
Gerechtigkeit und Liebe.

5. Drum schwinget euch zu Gott empor,
Singt ihm des Dankes Lieder!

Jauchzt ihm in frommer Brüder Chor,
Blickt nicht zur Erde nieder!
Seht, Gott erhellt die Nächte,
Erleuchtet dunkle Mächte;
Ihm dürfen wir vertrauen,
Er läßt uns Freiheit schauen.

6. Gott, blick' von deiner Höh' herab
Mit mildem Angesichte!
Sei selber unf'rer Führer Stab,
Stets nah mit deinem Lichte!
Gieb ihnen deinen Segen,
Daß sie dir leben mögen,
Von deiner Gnad' umkränzet,
Bis einst ihr Morgen glänzet.

Gotteshaus.

26.

1. Der Odem heil'ger Andacht zieht
Begeisternd ein in mein Gemüth,
An Gottgeweihter Stelle.
Wenn sich die Seele aufwärts schwingt,
Wenn sie zu deinen Höhen bringt
Zu reinen Lichtes Helle.
  Weltenvater!
  Höh'res Leben,
  Wonn' und Beben,
  Lust und Trauer
Strömen in der Andacht Schauer!

2. Was auch die Welt an Wirrsal beut,
Mit Wahn und Irrthum mich bedräut:
Kehr ich zu dir zurücke!
Dann werd' ich frei, dann froh beglückt,
Dann fällt die Last, die mich bedrückt,
Im Drängen der Geschicke!
Weltenvater!
Deine Liebe
Scheucht das Trübe,
Deine Gnade
Leitet mich die rechten Pfade!

27.

1. Wie lieblich sind, Herr Zebaoth!
Die Wohnungen zu nennen,
Wo wir dein Wort und dein Gebot
Andächtig hören können;
Wohin die Frommen freudig zieh'n,
Wo du zu uns dich kehrest,
Und wenn wir betend vor dir knien,
Uns väterlich erhörest!

2. Herr! laß uns diese Stätte hier
Zu deinem Tempel weihen;
Hier wollen deiner Güte wir
Uns inniglich erfreuen.
Vom Weltgeräusche nicht gestört,
In heil'ger Andacht Stunden,
Sei deine Größe hier verehrt,
Sei tief von uns empfunden.

3. Hier, wo zu brünstigem Gebet
Ein heil'ger Eifer wecket,

Hier tönt dein Wort voll Majestät,
Das freche Sünder schrecket.
Wohl denen, welche lebenslang
In Heiligkeit dir dienen!
Ihr ganzes Herz ist Lobgesang;
Dein Tempel ist in ihnen.

4. Durch dich wird ihre Seele neu,
Wird stark in deiner Gnade;
Sie wandeln freudig und getreu
Die dornenvollsten Pfade.
Sie dringen durch die Wüstenei'n
Des Jammers und der Leiden,
Und tragen ihre Garben ein,
Des Glaubens hohe Freuden.

28.

1. Im Hause Gottes wird mir so wohl,
So wohl im Heiligthume;
Die Welt ist Gottes Größe voll,
Und spricht von seinem Ruhme.
Wie freuet sich das Herz in mir,
Zu preisen ihn in Liedern hier!
Im Hause Gottes wird mir so wohl,
So wohl im Heiligthume.

Im Schutz des Höchsten ist mir so wohl,
In seiner Flügel Schatten.
Was über mich auch kommen soll —
Du wirst es nur gestatten,

Wenn es zu meinem Heile führt.
Denn nur dein Wille, Herr! regiert.
Im Schutz des Höchsten ist mir so wohl,
In seiner Flügel Schatten.

3. Im Schooß der Vorsicht ruht sich's so wohl,
Denn Vaters Augen wachen;
Nicht sorg' ich d'rum, wohin ich soll,
Gott, hoff' ich, wirds wohl machen.
Und wall' ich auch ins Schattenland,
Auch dort beschützt mich seine Hand.
Im Schooß der Vorsicht ruht sich's so wohl,
Denn Vaters Augen wachen.

Sieges= und Friedens=Feier.
29.

1. Sei gnädig uns, o Gott und Herr,
   Und schenk uns deinen Segen;
   Es leucht' uns immer freundlicher
   Dein Angesicht entgegen;
   Daß wir erkennen deinen Rath,
   Der uns bisher geleitet hat —
   Dir huldigen die Völker.

2. Es jauchzet dir der Erde Kreis,
   Daß du nach Recht gerichtet;
   Die Völker jubeln deinen Preis,
   Daß Bosheit du vernichtet.
   Ja, tief im Staube preisen wir,
   Gott, deine Wege, danken dir,
   Du König aller Reiche!

3. Erhalt uns Frieden und Gedeih'n,
Gieb Fruchtbarkeit der Erde;
Laß Alle sich dem Guten weih'n,
Damit es besser werde.
O segne uns, Herr unser Gott!
Nur dich, den ew'gen Zebaoth,
Muß alle Welt verehren.

30.

1. Durch die Wolken bricht die Sonne,
Auf die Trauer folgt die Wonne,
Auf die Zeit der Klage
Folgen Freudentage.
So sind wir von Gott geliebt,
Daß er uns durch Zücht'gung übt,
Dann uns wieder Freude giebt.

2. Ach! wir sorgten, unf're Sünden
Ließen Gottes Huld entschwinden,
Gott erhör' im Grimme
Nicht der Wehmuth Stimme —
Nimmer schauen wir das Licht,
Gott verberge sein Gesicht,
Merkt auf unf're Klage nicht.

3. Aber seine Vatertreue
Zeigt sich freundlich uns auf's Neue,
Schenkt uns neues Hoffen.
Was uns auch betroffen,
Nun sind wir mit Gott versöhnt,
Und mit Gnade wird gekrönt,
Wer verloren sich gewähnt.

4. Nichts, o Gott, kann Stand behalten,
Lässest dein Gericht du walten.
Berg und Fels zersplittert,
Und der Erdball zittert!
Könnte da der Mensch besteh'n,
Müßt' er nicht zu Grunde geh'n
Wolltest du auf Sünden seh'n?

5. Aber auch im Schreckensbilde
Zeigst du deine Vatermilde;
Du strafst uns're Sünde
Sanft nur und gelinde,
Uebst des treuen Vaters Zucht,
Die, der reinsten Liebe Frucht,
Nur des Kindes Bess'rung sucht.

6. Herr, in Freuden und in Schmerzen
Wohne du in unserm Herzen,
Daß von deinen Wegen
Wir nicht weichen mögen.
Wollen Sünden uns umfah'n,
Scheuche deine Zucht den Wahn,
Führ' uns auf der Tugend Bahn!

7. Du kannst tödten und beleben,
Niederbeugen und erheben,
Schmerzen uns ertheilen,
Und sie wieder heilen.
Dir sei Dank, daß du uns liebst,
Uns durch deine Zücht'gung übst,
Und uns wieder Freude giebst.

31.

1. Des Kampfes Herr ist unser Gott,
Des Kampfes Herr, o Gott, bist du!
Du rettest uns, Herr Zebaoth!
Verleihest deinem Volke Ruh'.
Du standest schirmend uns zur Seite —
Sonst wären wir des Todes Beute.

2. Was frommet selbst der kühnste Muth,
Bist du, o Gott! nicht unser Schild?
Du dämpfest, Herr! der Schlachten Gluth,
Die Gluth, die Feindes Busen füllt.
Nicht weiter! rufest du dem Meere
Der wildbewegten Kriegesheere.

3. Und flösse stromweis' unser Blut
Für das geliebte Vaterland:
Ach! schirmen nicht in Sturmesfluth
Kann ja des Menschen schwache Hand.
Von Schmach kannst du, o Gott, nur retten;
Nur du zerbrichst der Knechtschaft Ketten.

4. Triumph! Triumph! es ist gescheh'n!
Wir leben, athmen, wirken frei;
Des Friedens Palmen um uns weh'n,
Das Leben grünt und blüht uns neu.
Verstummt sind alle Kriegeslieder,
Und Feinde wandeln sich in Brüder.

5. Nicht mehr entblößet ist das Schwert,
Kein Kriegesdonner stürmend rollt,

Und ruhig bei der Väter Heerd
Kein Herz dem Herzen tückisch grollt.
Der Himmel spendet reichen Segen,
Bringt uns den Friedensgruß entgegen.

6. O Friede, köstlich Himmelsgut,
Gefesselt bleib' an's Vaterland!
Errungen durch so theu'res Blut,
Zerreiße nie, geheiligt Band!
Der Friede schaffet in den Höhen,
O Gott, erhöre unser Flehen!

32.

1. Hallelujah!
So singet unserm Gott, dem Herrn!
Erhebet ihn von nah und fern
Mit Lobgesängen heut!
Vom Aufgang bis zum Niedergang,
Ertöne seines Ruhmes Sang,
Sei er gebenedeit!   Hallelujah

2. Hallelujah!
Wer ist so groß, wie unser Gott,
Ein Retter in Gefahr und Noth?
Sein Nam' ist: E w i g e r!
Dem Schwachen wird er Schirm und Schutz,
Dem Frevler bricht er Muth und Trutz;
Gott ist des Streites Herr!   Hallelujah!

3. Hallelujah!
Er hat so groß an uns gethan,
Er leuchtete zur Siegesbahn,
Als heiliges Panier.

Er fuhr wie Wetterwolk' einher,
Auf seiner Feinde freches Heer —
Gerettet waren wir!   Halleluja

4. Hallelujah!
Unzählig war der Schaaren Troß,
Zu Fuß, zu Wagen und zu Roß,
Doch wir vertrauten Gott.
Sie stürzten, mußten untergeh'n,
Wir blieben aufgerichtet steh'n,
Uns half Gott Zebaoth!   Hallelujah!

5. Hallelujah!
Verherrlicht strahlt er uns, ein Schild,
Der Sonne gleich, des Segens Bild,
Auf seine That herab;
Wir freu'n uns sein, mit Sieg gekrönt,
Den Feinden lächelt er versöhnt
Und mild durch's dunkle Grab.   Hallelujah!

6. Hallelujah!
So singt dem Herrn, er hat's vollbracht!
Sein ist der Sieg, sein ist die Macht
In aller Ewigkeit.
Auf Erden und im Himmelreich
Ist Niemand ihm an Größe gleich;
Er sei gebenedei't!   Hallelujah!

In drangvollen Zeiten.

33.

Erbarme dich, Gott, unser Hüter!
In deiner Hand ist unser Heil;
Wir bitten nicht um eitle Güter;
Gesundheit, Herr, werd' uns zu Theil!
Voll Reue beugt der Sünder sich;
Herr, unser Gott, erbarme dich!
Erbarme dich!

2. Erbarme dich, du strafst, wir beben,
Wir beben, doch wir zagen nicht.
In deiner Hand ist alles Leben;
Wir suchen, Herr, dein Angesicht.
Voll Reue beugt der Sünder sich;
Herr, unser Gott, erbarme dich!
Erbarme dich!

3. Erbarme dich, uns drohen Seuchen;
Gott, unser Arzt, o steh' uns bei!
Laß sie die Deinen nicht erreichen,
Mach' uns von Furcht und Bangen frei.
Voll Reue beugt der Sünder sich;
Herr, unser Gott, erbarme dich!
Erbarme dich!

4. Erbarme dich, laß noch nicht sterben,
Die du zum Heil berufen hast;
Laß nicht ereilen das Verderben
Uns unter schwerer Sündenlast.
Voll Reue beugt der Sünder sich;
Herr, unser Gott, erbarme dich!
Erbarme dich!

5. Erbarme dich, laß uns're Kinder
Nicht früh verwais't, verlassen steh'n;
Vergieb, vergieb dem schwachen Sünder,
Laß, Retter! milde Lüfte weh'n.
Voll Reue beugt der Sünder sich;
Herr, unser Gott, erbarme dich!
   Erbarme dich

6. Erbarme dich, laß uns noch länger
Uns finden hier im Heiligthum,
Und jubeln gleich dem heil'gen Sänger:
„Ich leb' und singe Gottes Ruhm."
Voll Reue beugt der Sünder sich;
Herr, unser Gott, erbarme dich!
   Erbarme dich!

7. Erbarme dich, Herr, uns'rer Tage!
Wir hoffen, bis das Auge bricht;
Nimm' von uns böser Krankheit Plage,
Allmächtiger, verwirf uns nicht!
Voll Reue beugt der Sünder sich;
Herr, unser Gott, erbarme dich!
   Erbarme dich!

8. Erbarme dich, Genesung sende
Für deiner Kinder herbes Leid;
Wir fleh'n gebeugt: Allvater, wende
All' uns're Noth in Freudigkeit!
Voll Reue beugt der Sünder sich;
Herr, unser Gott, erbarme dich!
   Erbarme dich!

34.

1. Erbarme dich, Gott, schau' hernieder
   Auf deiner Menschenkinder Noth!
   O schenk' uns deine Gnade wieder,
   Wend' ab, was uns Verderben droht!
   Wir harren deiner ewiglich,
   Herr, unser Gott, erbarme dich!
   Erbarme dich!

2. Erbarme dich! es lechzt die Erde,
   Es welket hin der Fluren Zier;
   Daß uns dein milder Regen werde,
   Erfleh'n wir brünstig, Gott, von dir.
   Hilf uns, dein Himmel öffne sich;
   Herr, unser Gott, erbarme dich!
   Erbarme dich!

3. Erbarme dich, Herr, aller Wesen,
   Schenk' unser'm Lande Fruchtbarkeit!
   Du nur, vermagst uns zu erlösen,
   Aus jeder Noth, aus jedem Leid.
   O hilf uns heut' auch gnädiglich!
   Herr, unser Gott, erbarme dich!
   Erbarme dich!

4. Erbarme dich! Wer kann bestehen,
   Dem deine Liebe du entziehst!
   Wir blicken auf zu deinen Höhen,
   Bis du versöhnt hernieder siehst.
   Du strafst nur liebreich, väterlich;
   Herr, unser Gott, erbarme dich!
   Erbarme dich!

35.

1. Erbarme dich, Herr unf'res Lebens,
   Denn Rettung kommt von dir allein;—
   Wenn du nicht hilfst, so muß vergebens
   Der Menschen Müh'n und Kämpfen sein,
   Du zürnst — und Welten beugen sich;
   Herr, unser Gott, erbarme dich!
   Erbarme dich!

2. Erbarme dich, die Wetter toben,
   Und dräuen uns den Untergang:
   Ein Gnadenwink, o Gott, von oben —
   Und deinem Volk ist nicht mehr bang,
   Und nichts ist uns mehr fürchterlich.
   Herr, unser Gott, erbarme dich!
   Erbarme dich!

3. Erbarme dich, du Gott der Milde,
   Gebeut dem Sturm, den Fluthen, du,
   Dann lächeln wieder die Gefilde,
   Und alles Leben jauchzt dir zu.
   Wir fleh'n vertrauend ewiglich;
   Herr, unser Gott, erbarme dich!
   Erbarme dich!

4. Erbarme dich, du zürnst nicht immer;
   Allmächt'ger Lenker der Natur!
   Nein, das Verderben willst du nimmer;
   Des Sünders Umkehr willst du nur,
   Erwecken, wer vom Guten wich.
   Herr, unser Gott, erbarme dich!
   Erbarme dich!

36.

1. Herr Zebaoth! ein Kriegeswetter
Zieht über unser Haupt einher.
Doch, bist du unser Schutz und Retter,
So beben wir vor keinem Heer;
Wie schrecklich auch Gefahr und Noth
Den Völkern und den Ländern droht.

2. Gieb, Vater! in so trüben Tagen,
Gieb uns den Sinn, auf dich zu seh'n,
Und da, wo And're trostlos zagen,
Mit Zuversicht zu dir zu fleh'n;
Weil Menschenhülfe wenig nützt,
Wenn uns dein starker Arm nicht schützt.

3. Kein blinder Zufall herrscht auf Erden;
Du bist es, der die Welt regiert.
Laß jetzt die Menschen inne werden,
Daß dir allein die Macht gebührt.
Du, Herr, bist uns're Zuversicht!
Wir bitten dich, verlaß uns nicht!

4. Was hilft der Streiter große Menge,
Was hilft Gewalt'gen ihre Macht?
Der Roß und Wagen dicht Gedränge
Hat doch nicht immer Sieg gebracht.
Drum wollen wir Gott! voll Vertrau'n,
Allein auf deine Vorsicht bau'n.

5. Gott! fände ja dein weiser Wille
Für uns selbst Züchtigungen gut,
So fassen wir in frommer Stille,

Doch immer noch getrosten Muth.
Du bist, o Gott! zu rechter Zeit,
Gewiß zu retten uns bereit.

6. Zuletzt wird Jeder sagen müssen:
„Der Herr hat wohl an uns gethan,
Gerecht ist er in seinen Schlüssen,
Ihn bete Alles dankbar an!
Du bleibest uns're Zuversicht,
Barmherziger verlaß uns nicht!"

Nach überstandener Gefahr.

37.

1. Der Herr ist gut! Ihr Himmel höret
Und jauchzt mir nach: der Herr ist gut!
Er hat mein Leid in Lust verkehret,
Gott ist's, der große Dinge thut! —
Zu ihm, von dem wir Hülfe haben,
Zu Gott rief ich in meiner Noth,
Als große Wasser mich umgaben,
Und keine Hand mir Hülfe bot.

2. Verderben wollte mich verschlingen;
Vor Menschen war's um mich gethan.
Doch er vernahm mein flehend Ringen;
Gott sah mich Armen gnädig an.
Er ließ die Fluthen grausend schwellen,
Und rettete mit starker Macht
Mich mitten durch die schwarzen Wellen,
Und alle Schrecken banger Nacht.

3. Gott ist mit mir! Was kann mir schaden?
Was kann mir Staub und Asche thun?
Wie gut ist's, aller Sorg' entladen,
Herr, unter deinen Flügeln ruh'n!
Ich preise dich, Fels meiner Stärke,
Gott, meine Zuflucht, mein Panier!
Wenn ich auf deine Führung merke,
Wie weis' und göttlich ist sie mir!

4. Du führtest mich auf dunkeln Wegen,
Verbargst vor mir dein Angesicht;
Doch warst du noch bei mir zugegen,
Und in der Finsterniß mein Licht.
Ihr gold'nen Seile treuer Liebe,
Zieht mich zu meinem Vater hin!
Daß ihm ich weihe meine Triebe,
Ich, der ich ihm so theuer bin.

5. So flieh' ich des Betrog'nen Pfade,
Der sich von Gott zur Welt gewandt,
Des Herrn vergißt, und seiner Gnade,
Der Hülfe, die er ihm gesandt.
So werd' ich noch auf ferne Zeiten —
Des großen Retters in der Noth,
Des weisen Vaters Lob verbreiten,
Das Lob des Gottes Zebaoth.

Segensfülle in der Natur.

38.

1. Aus dem Schooß der dunkeln Erde
Ruft, o Gott, Dein mächt'ges Werde
Einen Keim,
Der geheim
Seinem Saatkorn sich entringt,
Und erwacht
Aus der Nacht
Frei empor zum Lichte dringt.

2. Und du sendest deinen Segen,
Sonnenschein und milden Regen,
Daß zur Zeit
Er gedeiht
Und mit reicher Frucht sich füllt.
Rings umher
Deckt ein Meer
Reicher Saaten das Gefild.

3. So empfängt aus deinen Händen
Jeder seiner Nahrung Spenden,
Stets auf's Neu
Sorgst du treu,
Herr, für uns mit Speis' und Trank.
Drum zu dir
Senden wir
Preisend unsern Lobgesang.

39.

1. Froh erheb' ich die Gedanken
Zu dem Schöpfer der Natur;
Seine Liebe sonder Schranken
Predigt laut die weite Flur.

2. Ueberall, wohin ich blicke,
Nehm' ich mit Entzücken wahr,
Wie du, Vater der Geschicke,
Alles schuffst so wunderbar.

3. Alles blühet, reifet, reget
Sich in lebensvoller Lust,
Und auch mir wird froh beweget
Tief im Innern meine Brust.

4. Dank dir für die gold'ne Aehre,
Für der Blüthen süßen Duft;
Dank dir für der Vögel Chöre,
Für des Sommers sanfte Luft.

5. Dank dir für die milden Früchte,
Die mir Feld und Garten beut,
Die gereift vom Sonnenlichte
Und des Regens Fruchtbarkeit.

6. Herr, du schickst des Blitzes Feuer
Und des Donners lauten Schall;
Thier und Menschen werden freier,
Freude herrschet überall.

7. Gott! ich preise deine Güte,
Die dies Alles schafft, erhält;
Dankend hebt sich mein Gemüthe,
Betet an den Herrn der Welt.

40.

1. Auf, singt des Dankes Lieder,
Stimmt an den Lobgesang!
Auf, jauchzet, fromme Brüder!
Nun schlägt kein Herz mehr bang.
Gott schenkte seinen Segen
Der nährenden Natur,
Wir schau'n auf allen Wegen
Des milden Gebers Spur,

2. Gott gab, was wir erflehet,
Was fromm der Landmann bat;
Umsonst ward nicht gesäet,
Gott schützte uns're Saat.
Was Leib und Seele nähret
Hat uns der Herr verlieh'n,
Hat Ueberfluß gewähret,
O Menschen, preiset ihn!

3. Für jedes seiner Wesen
Sorgt er mit gleicher Huld.
Er denket selbst dem Bösen
Nicht seine schwere Schuld.
Er sättiget mit Fülle,
Die er zur Freude schuf;
Beglücken ist sein Wille,
Zur Seligkeit sein Ruf.

4. O nützet Gottes Gaben
Mit weiser Mäßigkeit;
Die Dürftigen zu laben,
Seid immerdar bereit.

O ihr, in Gottes Bilde,
Seid seiner Liebe werth;
Seid gütig stets und milde,
Wie uns sein Beispiel lehrt.

5. Seh'n wir den Sommer scheiden,
Und sinkt das welke Laub:
Gott beut uns dennoch Freuden,
Wir beten an im Staub.
Mag Blatt und Blüthe sinken —
Gott ist unwandelbar;
Er wird von Neuem winken —
Verjünget ist das Jahr.

6. Drum lasset uns nicht zagen,
Laßt seiner Huld uns trau'n,
In rauhen Wintertagen
Auf seine Liebe schau'n.
Laßt nur den Winter kommen,
Laßt rauhe Winde weh'n —
Gott schützet seine Frommen,
Läßt sie nicht untergeh'n.

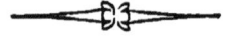

Sabbath.

41.

1. Sei uns willkommen, heil'ge Feier,
Vom Vater uns zum Heil geschenkt!
Es fühlt der Mensch sich leichter, freier,
Wenn er sein Werk still überdenkt.
Du bringst Erholung, Seelenruh',
Und führest uns dem Vater zu.

2. Du lässest Mühen uns vergessen,
Und träufelst Balsam in die Brust:
Du stimmst das Herz zum Lobe dessen,
Der uns verlieh die Sabbathlust.
Es fliehet Sorg' und Noth und Qual;
Der Sabbath ist uns Freudenmahl.

3. Du senkst in uns die heit're Stille,
Zu sammeln den zerstreuten Geist;
Erweckst das Herz zur Dankesfülle,
Zu feiern ihn, den gern es preis't.
Dank dir, o Gott, für dieses Heil,
Daß uns der Sabbath ward zu Theil!

4. Drum will ich dir die Ruhe weihen,
Allvater! dir und deinem Ruhm,
Und sammeln mich mit deinen Treuen,
Anbetend dich im Heiligthum.
Dich laut verkünden soll mein Dank,
Mit Saitenspiel und Lobgesang.

42.

1. Gottesruhe, Sabbathstille,
Komm vom Thron des Ewigen!
Bring' der hohen Andacht Fülle
In das Herz des Feiernden!
Daß sie sich der Welt entschwingen,
Hören, beten, danken, singen.

2. Mach' sie himmlisch, unsre Seelen;
Schreck' die Fluth der Leidenschaft!
Wenn uns Erdensorgen quälen,

Geist des Herrn! so gieb uns Kraft,
Wahrheit, Leben, Licht und Stärke,
Hinzuschau'n auf Gottes Werke.

3. Tröste, die mit schwerem Herzen,
Gott! vor dir im Tempel fleh'n;
Sieh' herab auf ihre Schmerzen
Und der stummen Blicke Fleh'n!
Sammle Thränen, so die Deinen
In der Gluth der Andacht weinen.

4. Wenn wir uns're Händ' erheben
Für die Obern, für das Land,
Für der treuen Bürger Leben,
Für die Werke deiner Hand:
Dann, o Gott! von deinen Höhen
Send' Erhörung unserm Flehen

5. Gottesruhe, Sabbathstille,
Komm vom Thron des Ewigen!
Bring' der hohen Andacht Fülle
In das Herz der Feiernden!
Daß sie sich der Welt entschwingen,
Hören, beten, danken, singen.

43.

1. Heil'ge Sabbath-Ruhe!
O dich grüßt des Frommen Mund;
Du thust Gottes Lieb' ihm kund,
Die ihn leitet himmelwärts
Und beseligt Geist und Herz.

2. Heil'ge Sabbath-Freude!
O zieh' ein in unsre Brust,
Werd' uns reine Seelenlust;
Und in frommer Andacht Chor
Trag' uns hoch zu Gott empor.

3. Vater in den Höhen!
Blick' von deinem heil'gen Thron
Nieder auf den Erdensohn;
Dieser Tag sei dir geweiht,
Sei uns Bild der Ewigkeit.

44.

1. O Tag, der heil'gen Ruh geweiht,
Wie herrlich, wenn dein Ruf erschallt,
Und ehrfurchtsvoll, in Freudigkeit
Der Frommen Schaar zum Tempel wallt!

2. Als ein Geschenk von deiner Hand
Gabst du, o Gott, uns diesen Tag;
Er lehrt uns, die wir dir verwandt,
Wie man das Leben heil'gen mag.

3. Du liebst der Wesen zahllos Heer,
Und sorgst für Alles väterlich;
Den Menschen liebest du noch mehr,
Denn er allein erkennet dich.

Laß leuchten, Vater, uns auch heut'
Der Gott-Erkenntniß klares Licht;
Und gieb uns Kraft, daß alle Zeit
Wir freudig üben jede Pflicht.

Festlieder.

45.

1. Es öffnen sich der Andacht heil'ge Pforten,
   Wir treten ein, lobsingen Gott, dem Herrn;
   Zum Feste kommt mit freud'gen Danksworten
   Die fromme Schaar, und Gott empfängt sie gern.

   Chor: Gelobt sei Gott, der gütig uns empfängt,
   Wenn frommer Sinn zu seinem Thron uns lenkt.

2. Nimm huldreich auf die Töne unf'res Mundes,
   Die Lust an Dir, o Gott, wird zum Gesang!
   Wir freuen uns der Worte Deines Bundes,
   Wir sind Dein Volk, o König, Dir sei Dank!

   Chor: Gelobt sei Gott, der seines Bundes denkt,
   Sein Volk beschützt, und seine Huld ihm schenkt.

3. Wir sammeln uns zur heil'gen Festesfeier,
   Das Irdische verschwindet um uns her;
   Die Liebe herrscht, die Herzen schlagen freier,
   Den Trauernden hüllt keine Trauer mehr.

   Chor: Gelobt sei Gott, der uns in Lieb' erfreut,
   Aus Vaterhuld den Festtag uns gebeut.

4. O Vater! gieb zum Feste Deinen Segen,
   Und heil'ge uns durch Deine Gegenwart;
   Dein Wort führ' uns der höhern Freud' entgegen,
   Es ward zum Heil, zur Freud' uns offenbart.

   Chor: Gelobt sei Gott, deß Liebe uns belebt,
   Und dessen Wort erfreuend uns erhebt.

5. Welch' hohes Lied, und welche heil'ge Weise
Besingt nach Werth, Herr, Deine Freundlichkeit!
Nimm uns're Lust, o Gott, zu Deinem Preise!
Nimm unser Herz, es sei Dir ganz geweiht!
Chor: Gelobt sei Gott, dem unser Herz geweiht;
Denn seine Huld, sie währt in Ewigkeit.

46.

1. Preiset, verherrlicht heut
Gott, der uns hoch erfreut!
Betet ihn an!
Heut' an dem heil'gen Tag
Ward uns die Seele wach;
Denket den Wundern nach,
Die er gethan.

2. Groß ist der Herr an Macht,
Reich seiner Werke Pracht,
Licht sein Gewand.
Himmel und Erd' ist sein,
Er schuf sie, er allein,
Will ihr Erhalter sein
Mit starker Hand.

3. Nieder zur Erdenwelt
Schaust du vom Himmelszelt,
Vater! mit Huld;
Schützest uns vor Gefahr,
Nimmst uns'res Heiles wahr,
Führest uns wunderbar,
Tilgest die Schuld.

4. Zagt nicht in Leid und Noth!
Was uns auch hier bedroht,
   Scheuchet er fern.
Gnädig mit Vatertreu'
Ließ er aus Sclaverei
Unsere Väter frei, —
   Preiset den Herrn!

5. Wer ist wie unser Hort,
Der so durch That und Wort
   Welten entzückt?
Wer unter Mächten, wer,
Führt sein erlös'tes Heer
Durch das zertheilte Meer,
   Frei und beglückt?

6. Frei vom Tyrannenjoch,
Trugen wir Fesseln noch,
   Fröhnten dem Wahn;
Aber auf Sinai's Höh'n
Sollte das Heil entsteh'n, —
So war's im göttlichen
   Ewigen Plan.

7. Bringet dem Heil'gen Dank!
Singet ihm Hochgesang!
   Ihm, der uns liebt,
Gott, der uns heilig weiht,
Der uns vom Wahn befreit,
Und für die Seligkeit
   Lehren uns gibt.

8. Selig, wer fest vertraut,
   Stets zu dem Vater schaut,
   Muthig im Schmerz.
   Einst auf der öden Bahn
   Nahm er sich unser an;
   Ihm nur sei unterthan
   Jegliches Herz.

9. Preiset mit Wort und That
   Ihn, der des Feldes Saat
   Schenket Gedeih'n.
   Segen erfüllt das Land,
   Milde von Vaterhand
   Reichlich herabgesandt,
   Uns zu erfreu'n.

10. Selig ist unser Loos;
    Gott, der uns liebt, ist groß,
    Immer uns nah.
    Ihm, der uns hoch erfreut,
    Ihm sei dies Fest geweiht,
    Preis ihm in Ewigkeit,
    Hallelujah!

Pesachfest.

47.

1. Herr, Du hast mir gegeben
   Die Seele rein und frei,
   Auf daß mein Thun, mein Leben,
   Mir ganz zu eigen sei.

Du willst, daß selbst ich wähle
Die Tugend und das Recht,
Denn Du schufst frei die Seele
Dem menschlichen Geschlecht.

2. Drum rissest Du die Bande
Der harten Sklaverei,
Die im Egypterlande
Dein Volk ertrug, entzwei.
Es schmettert den Tyrannen
Zu Boden Deine Macht,
Die Deinen ziehn von dannen,
Zum Licht aus finst'rer Nacht.

3. Und zu der Freiheit Leuchte
Gabst Du der Lehre Wort,
Auf daß den Weg sie zeigte
Den Deinen fort und fort.
Herr, laß uns stets bewahren
Die Lehre fromm und treu,
Dann sind wir in Gefahren
Und selbst in Knechtschaft — frei.

48.

(Einzelne Stimmen.)

1. „Wer nennt sich Herr?
Wer Ewiger?"
    Sprach des Tyrannen Mund.
„Wer thut mir kund,
Dem Fürstensohn
Auf festem Thron,
Was mir zu thun gebühre,
Wie ich das Scepter führe?"

(Die Gemeinde.)

2.
"Ich bin der Herr,
Bin Ewiger,"
So riefst Du aus der Höh';
"Ich heile Noth und Weh';
Der Fürstensohn,
Der feste Thron,
Sie sollen untergehen,
Mein Strafgerichte sehen!"

(Einzelne Stimmen.)

3.
"Wer nennt sich Herr?
Wer Ewiger?
Wer will aus meiner Hand,
Aus felsenfestem Land
Das Volk befrei'n,
Und nennen sein?
Ich, ich schlug es in Ketten —
Wer wagt es nun zu retten?" .

(Die Gemeinde.)

4.
"Ich bin der Herr,
Bin Ewiger!"
So sprachst du, Jacobs Gott.
"Auch Fürsten sind mir Spott!
Ich will befrei'n
Und nennen mein,
Die jetzt in Fesseln liegen;
Sie sollen steigen, siegen."

(Einzelne Stimmen.)

5.
"Wer nennt sich Herr?
Wer Ewiger?
Wer ist Gott Zebaoth,
Der mir Verderben droht?

Wer ist, der lebt
Und nicht erbebt,
So ich die Zunge rege?
So ich die Hand bewege?"

(Die Gemeinde.)

6. "Ich bin der Herr,
Bin Ewiger!
Ich bin es, der die Welt
In ihren Angeln hält.
Bei meinem Wink
Des Weltalls Ring
Zerfällt in grause Trümmer —
Nur ich, nur ich bleib' immer!"

Wochenfest.

49.

Chor und Gemeinde.
1. Es mahnt des Tages Feier,
Herr, an die große That,
Da deine Hand den Schleier
Des Wahns zerrissen hat.
Die Truggestalten schwanden,
Als uns're Väter heut
An Horebs Fuße standen,
Vor deiner Herrlichkeit.

Chor.

2. Da ward dein Wort verkündet
Mit weit ausgehndem Schall;
Ein Licht ward angezündet,
Es leuchtet durch das All.
Mit ihm gabst du die beste
Von deinen Gaben mir;
Drum ist an diesem Feste
Mein Herz so voll von dir.

Chor und Gemeinde.

3. Du hast mich dir verbunden,
Mein Vater und mein Hort;
Ich habe dich gefunden
In deinem Liebeswort.
Mein Wort soll nimmer schweigen
Von meinem Dankgefühl;
Ich bleibe ganz dir eigen.

50.

1. Jauchzet, jauchzet, Nationen!
Stimmet heil'ge Lieder an!
Rühmet, preiset, Millionen,
Kind und Greis und Weib und Mann!
Singet, singet!
Heut' erschien in lichter Pracht
Gott der Herr — da floh die Nacht:
Aus der dunkeln Wolkenhülle
Quoll des Lebens reichste Fülle,
Sonnen glänzten fern und nah,
Hallelujah!

2. Gott erschien auf Horebs Höhen —
Horeb ward ein lichter Quell.
Gottes Odem hörten wehen
Deine Väter, Israel.
    Heil uns, Heil uns!
Jetzt noch fleußt der lichte Quell,
Alle Nächte werden hell,
Und der Wahrheit mächtig Walten
Sieget ob des Wahns Gestalten;
Sonnen leuchten fern und nah,
    Hallelujah!

3. Menschenwürde, Menschenadel
Wurden heut dein lieblich Theil!
„Mensch, ein Wandel sonder Tadel
Sei dein Stolz, dein Ruhm, dein Heil!"
    Preiset, preiset
Gott, der hoch im Himmel thront,
Doch bei seinen Kindern wohnt,
Er rief heut' ein neues W e r d e
Freundlich seiner lieben Erde,
Kam dem Menschenherzen nah,
    Hallelujah!

4. Gottes Auge sah hernieder,
Und mit seiner Vaterhand,
Wie um e i n e r Kette Glieder,
Schlang er selbst der Liebe Band.
    Kinder, Kinder!
Heute noch der Vater spricht:
„Heilig sei euch jede Pflicht!
Wer den Himmel will erstreben,
Muß auf Erden himmlisch leben;
Sei schon hier dem Engel nah!"
    Hallelujah!

Neujahr.

51.

Chor und Gemeinde.

1. Vor dir, o Gott sind tausend Jahre
Ein Augenblick, der schnell entfloh'n;
Denn nicht die Zeit, die wandelbare,
Reicht bis zu deiner Hoheit Thron: —
Erhaben über Raum und Zeit
Herrsch'st du in der Unendlichkeit.

2. Doch wir, an Raum und Zeit gebunden,
Uns führt ihr rascher Lauf dahin;
Und mit dem Wechsel flücht'ger Stunden,
Seh'n wir auch unser Leben flieh'n;
Ein jeder Tag läßt uns're Bahn
Sich mehr dem Ziel des Lebens nah'n.

3. Ein Jahr entfloh — aus deinen Händen
Ward unser Leid uns, unser Glück,
Ein Jahr beginnt — wie wird es enden?
Wer kennt sein morgendes Geschick?
Denn undurchdringlich ist verhüllt
Dem Erdensohn der Zukunft Bild.

4. Doch was mir das Geschick auch bringe,
Es kommt von dir — ich bin bereit,
Wonach ich rastlos strebend ringe,
Du weißt, wann's zu gewähren Zeit. —
Laß deinem Dienst, o Herr, mich weih'n,
Dann wird mein Thun zum Heil gedeih'n.

52.

Chor.

1. Lobsingt in Freudenchören,
Dem Tag voll Zuversicht,
Wo einst der einig Ew'ge
Gebot: Es werde Licht!
Das Licht, das stets geleuchtet,
Ein Leitstern rein und hell,
Auf allen ihren Wegen,
Den Söhnen Israel.

2. Wohl sahst du finst're Stunden,
So manch' Jahrhundert schon,
In Kummer und in Thränen,
Verfolgt von Haß und Hohn;
Doch blieb in deinem Glauben
Das Licht der Väter dein,
Drum hast du wohl bestanden,
In deiner Prüfung Pein.

3. So haltet fest auch fürder,
Am einzig ew'gen Gott,
Es werde nie die Tugend
Durch Sünde dir zum Spott;
Dann werden alle Völker
Auf dich voll Liebe schau'n,
Gleich dir im Lichte Gottes
An seinem Tempel bau'n.

53.

1. Dir, Gott, sei diese Stunde
Jetzt feierlich geweiht!
Es tön' aus aller Munde
Dein Ruhm mit Freudigkeit!
Das Jahr seh'n wir enteilen!
Betrachtend soll der Blick
Beim fliehenden noch weilen —
Er schaue still zurück.

2. Gar bald ist sie entschwunden,
Des Jahres letzte Spur;
Es flieh'n die Lebensstunden,
Uns bleibt das Ew'ge nur.
O laßt in ernster Stille
Die Feier uns begeh'n,
Und aus des Herzens Fülle
Zum ew'gen Vater fleh'n!

3. Zu Gott soll er uns heben,
Des Jahres erster Tag,
Daß uns ein neues Leben
Mit ihm erscheinen mag.
Dein Geist, o Gott, belebe
Zur Andacht unsern Sinn,
Und uns're Seele schwebe
Zu deinem Throne hin.

4. Dem Irdischen entsage,
Den Sorgen eitler Lust,
Für Himmlisches nur schlage
Des frommen Beters Brust!
Gott wollen wir erheben
Voll Lieb und Dankgefühl;
Ihm bleiben wir ergeben
Bis an des Lebens Ziel.

54.

1. Kurz und flüchtig ist das Leben,
Wechselvoll der Erdenlauf;
Jahre kommen und entschweben
In der Zeiten schnellem Lauf;
Ein Geschlecht macht Raum dem andern,
Und das Glück vertreibt den Schmerz.
Unaufhörlich zieh'n und wandern
Lust und Leid von Herz zu Herz.

2. Auf dem sturmbewegten Meere
Schiffen hoffend wir dahin,
Sehen oft am Himmelsheere
Wolken trüb vorüberzieh'n.
Doch, will dann der Muth uns sinken,
Bricht hervor das Sonnenlicht,
Und die Abendsterne winken:
Gott verläßt die Seinen nicht!

3. Auch im Jahr, das uns entschwunden,
War uns Gottes Güte nah.
Der hat Hülfe stets gefunden,
Der zum Höchsten aufwärts sah.

Seine Liebe hat gewaltet,
Wenn das Glück uns Kränze wand;
Wie der Wechsel sich gestaltet,
Reicht er uns die Vaterhand.

4. Mancher Edle ist geschieden,
Den der Tod rief himmelwärts;
Dem Verklärten wurde Frieden,
Trost dem hinterblieb'nen Schmerz.
Mancher wird uns noch verlassen, —
Jedes Jahr bringt neues Leid;
Laßt Vertrau'n zu Gott uns fassen!
Gottes Schutz ist stets bereit.

5. Alles mag im Wechsel kreisen, —
Gott nur, ist unwandelbar;
Laßt uns dankend heut ihn preisen,
Zu ihm fleh'n am neuen Jahr.
Herr! wir rufen dir entgegen:
Schaue mild auf uns herab!
Leite uns auf deinen Wegen,
Leit' uns bis an's kühle Grab!

Sühnfest.

55.

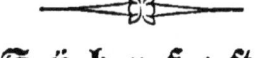
(Melodie Col=Nidre.

1. O Tag des Herrn!
Du nahst —
Und das Herz erbebt,
Und Schauer fassen die Seele.
Sie gedenket ihrer Missethat,
Sie gedenket, daß ihr Richter naht
Und zittert. —

Sie bangt, sie zagt; sie weint, sie klagt
Und vergeht in Thränen.

 Fasse Muth, belastet Herz!
 Schau' du nur trostvoll himmelwärts
 Gütig ist dein Herr,
 Gern gibt er Gewähr,
 Naht, sich auszusöhnen.

Herr! Gott sieh',
Sieh' meines Herzens Wehen,
Und neig' dein Ohr!
Herr, vernimm,
Vernimm mein heißes Flehen,
Oeffne uns das Thor!
Nimm weg die Missethat,
Oeffne uns das Thor der Gnad',
Und zieh' uns empor.

2. Horch! die Stimme des Herrn!
Er ruft
Mit des Abends Wehen,
Und Andacht waltet und Stille.
Brüder, hört, wie mild die Stimme tönt!
Menschen, ruft sie, Kinder, o versöhnt,
Versöhnt euch!
O folgt dem Ruf! o gebt Gehör!
Trocknet alle Thränen.

 Brüder kommt, o kommt heran,
 Schließet, schließt euch uns liebend an!
 Herz soll morgen rein,
 Rein vom Hasse sein.
 Eilt, euch auszusöhnen.

Horch, wer weint? —
Es weinen gekränkte Freunde —
Schließt neu das Band!
Horch, wer klagt?
Es klagen verfolgte Feinde —
Haß sei verbannt!
O liebt, wie Gott euch liebt!
Vergebt, wie er vergibt!
Reicht euch treu die Hand.

3. Nun Tag des Herrn!
So nah'!
Und fülle die Herzen,
Und fülle mit Wonne die Seelen.
Von dem Abend bis zum Abend hin
Heiliget vor Gott den Erdensinn
Und betet.
Empor zu Gott, zu Gott empor
Schwingt euch, Erdensöhne!
   Stimmet an Gebet, Gesang!
   Folget, folget dem Himmelsdrang
   Schwinget euch empor!
   In der Engel Chor
   Stimmen uns're Lieder.
Tag des Herrn!
O sei ein treuer Bote!
Führ' uns zurück!
Tag des Herrn!
Komm mit dem Abendrothe,
Hell strahl' dein Blick!
Bis wieder Abend naht,
Führst du auf lichtem Pfad
Uns zu Heil und Glück.

56.

Chor und Gemeinde.

1. Wir treten heut mit Bangen
Herr, vor dein Angesicht,
Wohin uns deine Stimme
Gerufen zum Gericht.
Wer kann in seinen Sünden
Vor dir, o Gott, besteh'n?
Wenn du uns strenge richtest,
So müssen wir vergeh'n.

Chor.

2. Doch du bist mild und gnädig
Dem schwachen Erdensohn,
Und richtest mit Erbarmen
Von deines Himmels Thron.
Du hast nicht Wohlgefallen
An Sünders Noth und Schmerz;
Dir ist nur wohlgefällig
Ein reuig büßend Herz.

Chor und Gemeinde.

3. So laßt uns uns're Sünden
Bekennen offen, frei,
Daß unserm eignen Auge
Kein Fehl verborgen sei.
Wir wollen selbst von Fehlern,
Von Lastern uns befrei'n,
Dann wird uns diese Stunde
Zum ew'gen Heile sein.

57.

1. Der Tag erscheint, der Tag voll Freud' und Bangen,
Es sammeln sich die frommen Beter hier,
Und alle seh'n mit kindlichem Verlangen,
Gott, liebevoller Vater, auf zu dir.

2. Du willst nach deiner gränzenlosen Güte
Den Kindern gern die Missethat verzeih'n;
Dies richtet auf ihr trauerndes Gemüthe,
Daß sie auf's Neue sich der Tugend weih'n.

3. Gott! denken wir an uns'rer Sünden Menge —
Wie wagt's der Blick, empor zu dir zu schau'n!
Das Herz schlägt bange, jede Brust wird enge;
Nur deiner Gnade dürfen wir vertrau'n.

4. Gott! sieh' auf deine Kinder mit Erbarmen,
Wir haben gegenseitig uns verzieh'n;
Vergieb, vergieb den reuevollen Armen,
Wir wollen fürder jede Sünde flieh'n!

58.

1. Kann der weibgebor'ne Mensch bestehen,
Rufst du ihn, o Gott, vor deinen Thron?
Rufest ihm von deinen lichten Höhen,
In des Richters ernstem, heil'gen Ton:
„Erdensohn, du sollst von deinem Leben,
Rechenschaft dem Allerreinsten geben!"

2. Lenket er den Fuß zu heil'gen Stätten,
Frei zu werden von der Frevel Last,
Abzuwerfen seiner Sünden Ketten,
So die Seel' ihm das Gemüth erfaßt —
Dürfen die vor Gottes Antlitz weilen,
Die dem Laster frech entgegen eilen?

3. Falten betend sich des Sünders Hände,
Falten sich in Gottes Heiligthum;
Bringen dar die reichste Opferspende,
Weihen sie zu Gottes Ehr' und Ruhm —
Dürfen Hände sich zum Himmel heben,
Ach! an denen die Verbrechen kleben?

4. Darf die Lippe, der die Lüg' entströmte,
Dir sich öffnen, du Wahrhaftiger?
Darf der Mund, der sich des Fluchs nicht schämte,
Dich um Segen fleh'n, Allgütiger?
Darf sich die entweihte Zung' erkühnen,
Was das Wort verbrach, durch's Wort zu sühnen?

5. Darf das Auge schau'n nach Gottes Höhe,
Das mit gift'gem Pfeil ein Herz verletzt?
Das sich weidet an des Bruders Wehe,
An der Sünde Bildern sich ergötzt?
Das nie glänzte bei der Brüder Freuden,
Nie sich trübte bei der Brüder Leiden? —

6. Und so wär' ich elend denn, verloren,
Wenn der Sünde Netze mich umstrickt?
Und, für ew'ge Leiden auserkoren,
Blieb ich ewig seiner Huld entrückt?
Müßte hin in meiner Sünde sterben,
Ach! geweiht dem ewigen Verderben?

7. Nein, o nein, du gütig treuer Vater!
Auch dem Sünder lächelt deine Huld,
Auch dem Sünder wirst du Freund, Berather,
Und enthebest ihn der schweren Schuld.
Ist des Sünders Herz zerknirscht, zerbrochen:
Hat die Vaterlieb' ihn freigesprochen.

8. „Nein, ich will nicht, sprichst du, daß die Sünder
In der Sünde Todesnacht vergeh'n;
Auch nicht eines meiner Menschenkinder
Soll die finstere Verdammniß seh'n.
Weint aus seinem Innern Schmerz und Reue,
O, dann lebt der Sünder wie auf's Neue!"

9. „Nimmer soll des Frevlers Seele sterben;
Nicht gefällt dem Herrn der Frevler Tod.
Nein, es soll ein ewig Leben erben,
Wer auf's Neue lebt des Herrn Gebot.
Kinder ruh'n in ihres Vaters Armen, —
Gott will seiner Kinder sich erbarmen."

10. Heil'ger Ruf! es bringt zu meinem Herzen,
Freudig lausch' ich diesem Liebeston;
Nicht mehr quälen mich der Sünde Schmerzen,
Glänzen seh' ich deiner Gnade Thron.
Deine Huld hat mich der Schuld entnommen;
Ringen darf ich um den Preis der Frommen.

11. Kenn' ich ja der Buße Weihegaben,
Die vom Sünder, Gott, der Herr, verlangt!
Lechzende Gemüther soll ich laben,
Vor dem Falle schützen, den, der wankt;
Soll den unglücksel'gen Bruder retten,
Ihn befreien aus der Knechtschaft Ketten.

12. Nach der Weisheit Höhen soll ich streben,
Heilig achten auch die kleinste Pflicht;
Leuchten soll mein ganzes Erdenleben
In der Tugend reinstem Sonnenlicht.
Solch Buße, Gott, will ich geloben;
Sie nur, trägt geläutert mich nach oben!

59.

1. Herr in Himmelshöhen!
Schau' herab, wir flehen
Tief gebeuget hier;
Sorge, Reu' und Schmerzen
Drücken unf're Herzen,
Denn wir wichen ab von dir.

2. Ach, wenn unf're Sünden
Nicht Verzeihung finden,
So vergehen wir.
Schenk' uns deine Gnade,
Und vom Sündenpfade
Führ' uns, Herr! zurück zu dir.

3. Unter Schuld gebücket,
Die so schwer uns drücket,
Seufzen, zagen wir;
Schwanken gleich dem Schilfe,
Uns fehlt deine Hülfe,
Denn wir wichen ab von dir.

4. Unf're Seele trauert;
Ach! die Sünde lauert
Immer vor der Thür.
Vater, hilf uns ringen!
Hilf uns, sie bezwingen;
Führ' uns, Herr! zurück zu dir.

5. Schnöder Lüste trunken,
Sind wir tief gesunken,
Tief herab zum Thier;
Unf're Menschenwürde
Ward uns eine Bürde,
Denn wir wichen ab von dir.

6. Ach! wir sind verirret,
Von der Welt verführet,
Opfer der Begier.
Treuester der Hirten!
Führ' uns, die Verirrten,
Führ' uns, Herr! zurück zu dir.

7. Unter unsern Sünden
Mußte sie verschwinden,
Unf'res Hauptes Zier;
Nichts kann uns beglücken,
Nichts die Seel' erquicken,
Denn wir wichen ab von dir.

8. Doch du hast verkündigt,
Daß, wenn wir gesündigt,
Neu' zurück uns führ'.
Vater, wir bereuen!
Wolle du verzeihen!
Führ' uns, Herr! zurück zu dir.

60.

Chor.

Herz, voll Sinnenlust,
Sünd'-umstrickte Brust,
Auf! der Herr, er naht,
Richtend Sinn und That!
Doch in sein Gericht
Flammt der Gnade Licht,
Und von oben tönt:
Himmlische Versöhnung.

Chor und Gemeinde.
Versöhnung.

Chor.

Weh dir, Wurm im Staub,
Der Begierden Raub,
Weh', wenn er verfährt
Streng nach Recht und Werth!
Doch sein lichter Pfad
Ist voll Mild und Gnad;
Und vom Himmel strömt
Erdenwärts: Versöhnung.

Chor und Gemeinde.
Versöhnung.

Chor.

Sünd'=erstarrtes Blut,
Schmilz in Reuemuth!
Mensch, halb Schuld, halb Tand
Nah ist Gottes Hand!
Doch erbarmungsreich
Ist er auch zugleich;
Und er sendet uns
Ewige Versöhnung.

Chor und Gemeinde.
Versöhnung!

Chor und Gemeinde.

Drum naht bußbereit
Israel dir heut;
Voll der Zuversicht,

Auf dein Gnadenlicht!
Wie die Schrift dich preist,
Preist dich Herz und Geist;
Rufen wir dich heut:
Vater der Versöhnung!
Versöhnung!

Sukkothfest.

61.

1. Dir, mächt'ger Weltregierer,
Ertöne mein Gesang!
Dir, liebevoller Führer,
Gefalle heut mein Dank!
Mit frohem Herzen näh're
Ich mich zum Feste dir;
Dein Dienst ist meine Ehre,
Dein Lob ist meine Zier.

2. Du bist der treu'ste Vater,
Dies lehrt das heut'ge Fest;
Der weiseste Berather,
Wenn Alles uns verläßt.
In wüsten Steppen fanden
Die Väter Sicherheit,
Durch dich, der du aus Banden
Der Knechtschaft sie befreit.

3. Auf ungebahnten Wegen,
Bot der erlös'ten Schaar
Dein väterlicher Segen
Alltäglich neu sich dar.

Der Felsen ward zur Quelle,
Der Morgenthau zu Brod,
Die düst're Nacht zur Helle,
Zur Lust ward selbst die Noth.

4. In schwach gebauten Hütten
War deine Hand ihr Schild;
Du machtest ihre Sitten
Durch weise Lehren mild.
  Du straftest ihre Sünden
  Mit milder Vaterhand,
  Und ließest dann sie finden
  Den Weg in's heil'ge Land.

5. Auch mich hat deine Gnade,
Herr! bis hierher gebracht,
Und meine Lebenspfade
Mir sanft und leicht gemacht.
  Auf allen meinen Wegen
  Ward ich von dir beschützt,
  Und dein so reicher Segen
  Verlieh mir, was mir nützt.

6. Auch meiner Erdenhütte,
Ist deine Hand ein Schild,
Und alle meine Schritte —
Sie sind dir unverhüllt.
  Du strafst auch meine Sünden
  Mit milder Vaterhand,
  Und lässest so mich finden
  Den Weg in's beß're Land.

7. Herr! nimmer will ich wanken
Von heil'ger Tugend Bahn;
Nur so kann ich dir danken,
Was du an mir gethan.

Denn deine reiche Spende
Wird nie von mir vermißt;
Mein Dank sei sonder Ende,
Wie deine Huld es ist.

62.

Chor und Gemeinde.

1. Aus dem Schooß der dunkeln Erde,
Ruft, o Gott, dein mächt'ges Werde
Einen Keim,
Der geheim
Seinem Saatkorn sich entringt,
Und erwacht
Aus der Nacht,
Frei empor zum Lichte bringt.

2. Und du sendest deinen Segen,
Sonnenschein und milden Regen,
Daß zur Zeit
Er gedeiht
Und mit reicher Frucht sich füllt.
Rings umher
Deckt ein Meer
Reifer Saaten das Gefild.

3. So empfängt aus deinen Händen,
Jeder seiner Nahrung Spenden.
Stets auf's Neu
Sorgst du treu,
Herr, für uns mit Speis' und Trank.
Drum zu dir
Senden wir
Preisend unsern Lobgesang.

Azerethfest.

63.

1. Laßt unserm Gott uns singen,
Ihm Preis und Loblied bringen,
Er schützet Israel!
Er heilt gebrochne Herzen,
Und lindert ihre Schmerzen
Aus seiner Liebe Quell.

2. Er, der die Sterne zählet,
Er hat auch uns erwählet
Zu seinem Heiligthum.
Allmächtig ist sein Schalten,
Und seiner Liebe Walten
Unendlich wie sein Ruhm.

3. Er hört in Himmelshöhen
Der Unterdrückten Flehen,
Und richtet sie empor.
Die Frevler stürzt er nieder;
Doch öffnet Reue wieder
Der Gnade Himmelsthor.

4. Gott schenkt Gedeih'n und Segen,
Er sendet milden Regen,
Und lieblich grünt die Flur;
Er speis't die jungen Raben,
Und seiner Liebe Gaben
Bezeichnen seine Spur.

5. Des Menschen kühnste Werke,
Des Mannes Kraft und Stärke
Erfreu'n den Höchsten nicht.

Er liebet die vor allen,
Die seine Wege wallen,
Im reinen Tugendlicht.

6. Gott gab Gesetz und Rechte,
Zeigt Israels Geschlechte
Sich mild und freundlich nah.
Laßt uns den Herrn erheben,
In Liedern und im Leben;
Singt ihm: Hallelujah!

Fest der Gesetzesfreude.

64.

1. Selig, wen dein Wort erquicket
Gott, wer dein Gesetz bewahrt!
Selig, wen dein Licht erleuchtet
Auf des Lebens dunkler Fahrt!
Andern und sich selbst zum Segen
Wallt er freudig seinen Lauf,
Und den Müden
Nimmt dein Frieden
Einst zu neuer Stärkung auf.

2. In der Wüste dieser Erde
Schwindet, ach! so oft die Spur;
Tausend Wege gehn zum Tode,
Tugend führt zum Leben nur.

Weh' dem Wandrer, der verlassen,
Zweifelnd steht am Scheideweg;
Doch in Klarheit
Zeigt die Wahrheit
Deines Worts den sichern Weg.

3. Dank dir, Vater, in den Höhen!
Daß ich dein Gesetz erkannt;
In dem Worte deiner Lehre
Gabst du mir der Liebe Pfand.
Heilig will ich sie bewahren,
Wie des Auges reinen Stern;
Nicht in Freuden,
Nicht in Leiden
Steh' sie meinem Herzen fern.

4. Kraft und Trost soll sie mir reichen,
Wenn ich schwach und trostlos bin,
Und im Streite der Gedanken
Retten mir den frommen Sinn.
Meinem Glauben sei sie Leuchte,
Meinem Wandel fester Stab,
Mich zu leiten
Durch der Zeiten
Wechsel, bis an's stille Grab.

Purimfest.

65.

1. Wäre Gott uns nicht geblieben,
Da von Frevelmuth getrieben
Menschen Arges wollten üben:

2. Lebend hätten uns verschlungen,
Die, von Wuth und Haß durchdrungen,
Unf'res Stammes Kraft bezwungen.

3. Wilde Wasserströme flossen
Ueber unf'res Bund's Genossen;
Jacobs Blut ward hingegossen.

4. Dank sei Gott, der unser Leben
Nicht der Feinde blut'gem Streben,
Nicht dem Morde preisgegeben.

5. Herr! wir sind nun aufgerichtet,
Gleich dem Vöglein, das sich flüchtet,
Wenn der Sturm das Netz zernichtet.

6. Hülf' in Noth und in Beschwerden
Kann allein von Gott uns werden,
Der die Himmel schuf und Erden.

Am neunten Ab.
66.

Chor.
Warum fließen deine Thränen,
Heute an des Herrn Altar?
Was bedeutet, sprich, dein Sehnen,
Fromme, gottgeweihte Schaar?
Nenne, nenne deine Schmerzen;
Worte gieb dem wunden Herzen.

Gemeinde.
Salem liegt verheert!
Gott hat's nicht gewehrt,
Sie, der Städte Zier —
Sie beweinen wir.

Einzelne Stimmen.
Ist Salem denn allein
Die heil'ge Gottesstadt?
Das All, das All ist sein,
Das er gebildet hat.
Wo Recht und Pflicht geübt,
Der Mensch den Menschen liebt:
Da ist's ihm angenehm,
Da blüht Jerusalem.

Chor.
Noch immer ist dein Blick betrübt.
Um welches Kleinod trauerst du?
Ist's Gott nicht, der dich kennt und liebt?
O gönne deinem Herzen Ruh'!

Gemeinde.

Ach! Zion, wo der Herr gethront,
  Verödet liegt's im Staub;
Wo seine Herrlichkeit gewohnt,
  Ist der Zerstörung Raub.
Wohin ist Gottes Heiligthum?
Wohin der Väter Schmuck und Ruhm?

Einzelne Stimmen.

Faßt Zion Gottes Heiligthum?
Begränzen Räume seinen Ruhm?
Wer will für Gottes Majestät —
Und bau' er früh und bau' er spät —
Ein Haus bereiten in der Zeit,
Und rühmen: Gottes Herrlichkeit
Ist hier, ist hier nur eingekehrt,
Nur hier wird unser Fleh'n erhört?

Chor.

Lehrt nicht sein heilig Wort:
  „An jedem, jedem Ort,
  Wo Gottes Nam' ihr nennt,
  Zu mir euch treu bekennt:
  Da schau' ich segnend nieder
  Auf's Ganze, auf die Glieder."

Andere Stimmen.

Noch immer zagt,
Noch immer klagt
Das Volk des Herrn,
Und wähnt ihn fern.

Gemeinde.

Soll ich der Priester heil'ger Schaar
    Mit Wehmuth nicht gedenken,
Die Gottes Lehre rein und klar,
    In Geist und Herz zu senken,
Der Ewige hat auserkoren,
Daß sehen lernen Weis' und Thoren.

Chor.

Horch auf, mein Volk, und höre!
Des Ew'gen heil'ge Lehre
An keinen Stand sich bindet;
Wer sie erfaßt, verkündet,
Daß nur auf ihren Wegen
Der Friede wohnt und Segen.
Und Priester bleibet wer sie liebt,
Und Hoherpriester wer sie übt.

Chanukahfest.

67.

1. Ertöne froh des Dankes Lied,
    Und jauchze laut zum Herrn empor,
    Der freundlich von dem Himmel sieht,
    Auf Alle, die er sich erkor.
    Wenn finst're Nacht die Erde deckt,
    Und Wahn und Trug die Menschheit schreckt —
    Dann rufet Gott: Es werde Licht!
    Und schnell des Irrthums Scepter bricht.

2. Als einst des Freolers stolze Macht,
In drückend Joch die Väter zwang,
Als in des Irrsinns grauser Nacht,
Kein Lichtstrahl in das Dunkel drang —
Da kam von dem, der ewig war,
Der Ruf zur frommen Priesterschaar:
Es ist des Gottgeweihten Pflicht,
Zu kämpfen für das Recht und Licht.

3. Sie hörten, Gott! den heil'gen Ton,
Dein Geist erfüllte sie mit Muth;
Sie stürzten kühn des Wahsinns Thron
Und stritten für das höchste Gut.
Du warst ihr Hort und ihr Panier.
„Wir jauchzen, singen, Gott' nur dir!"
So rief es aus der Frommen Mund —
Erneuert war der Väter Bund.

4. Nun zogen sie in's Heiligthum,
Das du, o Herr! bereitet dir,
Und priesen, Vater! deinen Ruhm:
„Herr Gott! Herr Gott! dich loben wir!
Mit deinem Geiste wunderbar
Beseeltest du der Streiter Schaar!
Es fließt auf's Neu' der Wahrheit Quell,
Drob singt und jauchzet Israel."

5. Wir danken heute, heute noch,
Dem Vater, der im Himmel wohnt,
Daß wir erlös't von Wahnes Joch,
Daß Gott in uns'rer Mitte thront.
Erhalt' uns, Herr, dies höchste Gut,
Erkämpfet durch der Väter Blut!
Es sei für Glanz und Gold nicht feil,
Sei uns'rer Seelen ewig Heil!

68.

1. Gott, mein Licht, mein Schutz und Hort,
Sei von mir erhoben!
Dich, im Sturm mein Zufluchtsort,
Dich will hoch ich loben.
Was nützt rings ihr Toben,
Schützt mich Gott von Oben!
Nahet er, Feindesheer
Ist wie Staub zerstoben.

2. Seufzt' ich je in dunkler Nacht,
Schmerzten meine Wunden,
Mich mit Licht hat Gott bedacht
Und mein Herz verbunden.
Wie in trüben Stunden,
Wird ein Freund befunden,
War des Herrn Hülf' nie fern
Wenn mich Schmerz umwunden.

3. Pharao traf deine Hand,
Als mein Volk verzagte;
Haman's stolze Größe schwand,
Als vor Gott ich klagte.
Wenn ein Feind mich plagte,
Niemand Trost mir sagte,
Trost und Licht, fehlten nicht,
So an Gott ich dachte.

4. Einst auch in des Syrers Zeit
Trat der Gott der Heere
Meinem kleinen Heer zur Seit',
Daß dem Feind es wehre.

Für Gesetz und Lehre,
Für des Herrn Altäre
Floß mit Muth Heldenblut,
Froh dem Herrn zur Ehre.

5. Und durchglüht von heil'ger Flamm'
Und von Gott durchdrungen,
Hat der Makkabäer Stamm
Hoch die Fahn' geschwungen.
Da ward Ruhm errungen,
Mächt'ger Feind bezwungen
Und voll Lust, aus der Brust
Siegeslied gesungen.

6. Bei geweihter Lichter Schein
Froh im Tempel stellten
Sich zum Dienste Gottes ein
Fromme Priesterhelden. —
O du Herr der Welten,
Laß in unsern Zelten
Stets wie heut', Licht und Freud
Deine Größe melden!

Confirmation.

69.

1. Glücklich, wem des Ew'gen Lehre,
Da er schuldlos, jung und zart
Ganz noch glühet für das Höh're,
Lauter schon verliehen ward.

2. Glücklich, wer in jungen Jahren
Zum Gefährten Gott erhält,
Wer, sein Leben zu bewahren,
Früh zur Tugend sich gesellt.

3. Leite, leite diese Jugend,
Himmlische Religion!
Lehr' sie Frömmigkeit und Tugend,
Die nicht buhlt um schnöden Lohn.

4. Dein, o Gott, sind diese Seelen,
Der du schuldlos sie erschufst,
Sie, die dich zum Führer wählen,
Bis du einst sie zu dir rufst.

5. Hör', Allmächt'ger! ihre Bitte,
Auf des Lebens rauhem Pfad;
Lenk', Allweiser! ihre Schritte,
Wenn sich der Verführer naht.

6. Schwach ist jugendlicher Wille,
Leicht vom Guten abgelenkt;
Stark, wer in des Herzens Stille
Ehrfurchtsvoll des Höchsten denkt.

7. Und wenn sie der Wahn bethöret,
Abzuweichen von der Pflicht,
Die dein heilig Wort gelehret:
Güt'ger Vater, zürne nicht!

8. Laß sie bald mit wahrer Reue,
Dir bekennen ihre Schuld;
Und dann, Gütiger, verleihe,
Ihnen wieder deine Huld.

9. Und wenn ihrer Kindheit Hüter,
Vater! einst von ihnen geh'n —
Tröste du dann die Gemüther,
Laß sie nicht verwaiset steh'n.

10. Laß in dir sie Alles finden,
Sei du ihnen Trost und Stab;
Die sich heut' mit dir verbinden,
Führe sie bis an das Grab!

Bei Trauungen.

70

1. Es ruft am festlichen Altar,
Die heil'ge Feierstunde,
Mit ernster Stimm' ein treues Paar —
Zum unverrückten Bunde,
Weiht mit Gebet das Fest, und fleht:
Es komme großer Segen,
Den Hoffenden entgegen!

2. Dich, Herr! hat klopfend ihre Brust,
Zum Zeugen auserkoren.
Du prüfst das Herz; dir ist bewußt,
Was still sie sich geschworen.
Wenn jetzt den Bund, auch laut ihr Mund,
Und freudig wird beschwören;
Du, Heil'ger! wirst es hören.

3. O selig, die an Gottes Hand,
Durch's Pilgerleben wallen!
Was sich zu frommer Treu' verband,
Krönt er mit Wohlgefallen.

Von ihm beschützt und unterstützt,
Wird nie ihr Fußtritt gleiten;
Sein Aufseh'n wird sie leiten.

4. Sie schau'n getrost zu ihm hinan,
Vertrauend seiner Gnade,
Geh' auch im Dunkeln ihre Bahn,
Und durch verschlung'ne Pfade.
Auch Sorg' und Schmerz führt himmelwärts;
Vereint zu Freud' und Leiden,
Kann nichts, wird nichts sie scheiden.

5. Die Lieb' ist stärker als der Tod,
Und achtet keiner Schmerzen,
In Freude wandelt sie die Noth,
Und läutert so die Herzen.
Sie wacht, sie pflegt, sie hebt und trägt,
Sie stärkt zu edlen Thaten,
Läßt jedes Werk gerathen.

6. Komm, Segen Gottes! komm herab,
Und sei der Lohn der Treuen,
Die freudig sich bis an das Grab,
Der heil'gen Liebe weihen.
Löst dann das Band des Todes Hand,
Wollst du, wie all' die Deinen,
Sie ewig dort vereinen!

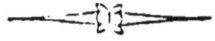

Bei Schulprüfungen.

71.

1. Unsre ganze Seele fühle
Sich zu neuer Lust erhöht;
Immer nah'n wir mehr dem Ziele,
Wo der Lohn des Fleißes steht;
Laßt den Vorsatz, gut zu sein,
Heute wieder uns erneu'n!

2. Ewig dauern jene Freuden,
Die uns Fleiß und Tugend bringt;
Trägheit aber lohnt mit Leid
Dem, der hier in Schlummer sinkt.
Laßt uns drum nie stille steh'n;
Stets im Guten weiter geh'n!

3. Wer durch Müssiggang entweihte
Seine edle Jugendzeit,
O, der kehre reu'voll heute
Wieder zu der Thätigkeit!
Laßt uns nützen jede Kraft,
Eingedenk der Rechenschaft!

72.

1. Froh steigt jetzt unser Dank
Aus kindlichem Gemüthe,
Zu dir; wir preisen laut,
Gott! deine Vatergüte.
Du ließ'st den Prüfungstag,
Uns froh vorübergeh'n,
Und bei der Rechenschaft
Den Fleißigen besteh'n.

2. Verleih' uns ferner Kraft,
Der Tugend nachzustreben!
Laß jeden unter uns
Gewissenhaft stets leben;
Damit er furchtsam nie
Des Fleißes Prüfung scheu'!
Ja, gieb daß jeder sich
Der Schulzeit spät noch freu'!

3. Der treuen Lehrer Fleiß
Kennst du, der Alles siehet,
Dem keine edle That
Je unbemerkt entfliehet.
Belohne ihren Fleiß,
Vergilt du ihr Bemüh'n!
Laß ferner noch durch sie
Der Kinder viel erzieh'n.

Inhalts-Verzeichniß.

	Seite
Gottes Größe,	1–10
Gottes Führung,	10–17
Menschenwürde,	17–22
Gottes Gesetz,	22–24
Die Pilgerschaft,	25–27
Tod des Gerechten,	27–28
Vaterland,	28–30
Gotteshaus,	30–33
Sieges- und Friedens-Feier,	33–38
In drangvollen Zeiten,	39–44
Nach überstandener Gefahr,	44–45
Segensfülle in der Natur,	46–49
Sabbath- und Fest-Lieder,	49–88
Confirmation,	88–90
Trauungen,	90–92
Bei Schulprüfungen,	92–93